Käsefondues

Käsefondues

Lucas Rosenblatt | Erika Lüscher

FONA

4. Auflage 2014

www.fona.ch

Lektorat Léonie Schmid
Gestaltung FonaGrafik, Sabine Jäggi
Foodbilder Jules Moser, Bern
Bilder Einführung Dietz + Dietz, Merlischachen
Druck Kösel, Altusried-Krugzell

ISBN 978-3-03780-441-4

Inhaltsverzeichnis

Beilagen

Käse-Abc

Abkürzungen

ml = Milliliter
dl = Deziliter
l = Liter
g = Gramm
EL = Esslöffel
TL = Teelöffel
Msp = Messerspitze

19
22
26
14
14

Porträts

Vom Käse zum Fondue – eine käsige Angelegenheit

Wer hat's erfunden? Die Frage ist müßig, denn die Schweiz ist in der ganzen Welt als Käse- und Fondueland bekannt. Ob die Speise aus geschmolzenem Käse den Schweizer Pass zu Recht besitzt, ist nicht so entscheidend. Manche sagen, die Kappeler Milchsuppe sei der Vorläufer des Fondues. Diese These allerdings wird durch Funde aus grauer Vorzeit widerlegt, die beweisen, dass alter, steinhart gewordener Käse schon damals mit Wasser, vielleicht auch mit Milch oder Wein zu einer Art «Käsesuppe» aufbereitet und mit Fladenbrot aufgetunkt wurde.

Käse wurde wohl schon von den in der Jungsteinzeit sesshaft gewordenen Menschen hergestellt. Es gibt zwei Methoden, an denen sich über Jahrtausende wenig geändert hat: Die Süßmilchgerinnung mit Lab, einem Enzym, das im Labmagen junger Wiederkäuer vorkommt, sowie die Sauermilchgerinnung, für die Milchsäurebakterien eingesetzt werden. Unter günstigen Bedingungen werden diese von selbst aktiv. Wenn nicht, muss die erwärmte Milch damit «geimpft» werden.

Vor allem die Römer entwickelten eine eigentliche Käsekultur. Sie würzten den zumeist aus Schaf- oder Ziegenmilch hergestellten Käse mit Kräutern und Gewürzen. Ihr Wissen über das Haltbarmachen von Milch verbreiteten sie in den von ihnen eroberten Ländereien dies-

Von Käse und Fondue

und jenseits der Alpen. Sicher ist, dass sich auch die Helvetier zu Beginn der neuen Zeitrechnung auf die Kunst der Käseherstellung verstanden. Der «Caseus Helveticus» oder «Caseus Alpinus» war bei den Römern sehr begehrt. Der Tod des Kaisers Antonimus Pius im Jahr 161 wurde dem übermäßigen Genuss des in Rhätien (Graubünden) hergestellten Alpkäses zugeschrieben.

Die Alemannen, welche sich ab dem 3. Jh. in der nördlichen Schweiz ansiedelten, verarbeiteten die Milch der Kühe zu Weichkäse, eine Methode, die in weiten Teilen unseres Landes bis ins 15. Jh. die gebräuchlichste war. In Klöstern dagegen verstand man sich auch auf die Herstellung von lagerfähigen Käsesorten und gab dieses Wissen weiter. 1115 wurde der Gruyère, heute Bestandteil vieler Fondue-Mischungen, erstmals schriftlich erwähnt. Die Namen Sbrinz und Emmentaler kennt man seit dem 13. Jh. Den Freiburger Vacherin, unverzichtbar für das klassische Fondue-Rezept Moité-Moité, soll der Legende nach von Vacarius, einem Mönch aus dem Freiburgischen, erfunden worden sein, der im Kloster Montserrat bei Barcelona lebte. Als er im hohen Alter in seine Heimat zurückkehrte, gab er sein Wissen an die Einheimischen weiter.

Die ursprünglichen Käse können nicht mit den heutigen Produkten verglichen werden. Aufschwung erhielt die Käseherstellung während der «Kleinen Eiszeit», die im 17. Jh. ihren Höhepunkt erreichte. Vorher hatten die klimatischen Bedingungen den Getreideanbau bis auf über 1000 m ermöglicht. Deshalb galt das Getreide bis zum ausgehenden Mittelalter als Hauptnahrungsmittel. Mit dem Rückgang der Temperaturen taugten höher gelegene Parzellen immer weniger als Ackerland. Die Bergbauern stellten auf Milchwirtschaft um. Sie produzierten haltbare, transportfähige vollfette Lab-Hartkäsesorten, denn der Schweizer Käse wurde rasch ein begehrter Exportartikel.

Bis ins 19. Jh. wurde der Hartkäse ausschließlich in Alp-Sennereien hergestellt. Sicher gehörten Käse und Mehl zu den Grundvorräten in den Alphütten. Deshalb ist die Annahme gar nicht so abwegig, dass ein Senn auf die Idee kam, diese beiden Nahrungsmittel miteinander zu kombinieren. Zumal sie ursprünglich wohl nicht mit Wein, sondern mit Milch gemischt wurden. Kommt dazu, dass sich diese Speise auf dem Feuer einfach und schnell zubereiten ließ. Wo genau das erste Fondue gegessen wurde, lässt sich nicht mehr eruieren. Nebst den Kantonen Wallis und Waadtland beansprucht auch Savoyen diese kulinarische «Erfindung» für sich.

So richtig populär wurde das Fondue jedoch erst nach dem 2. Weltkrieg. Gar mancher Schweizer Soldat lernte FIGUGEGL (Fondue isch guet und git ä gueti Lune) im militärischen Wiederholungskurs (WK) kennen. Weil es fast ausschließlich aus Emmentalerkäse bestand, zog

es Fäden. Heute gibt es fast so viele Rezepte und Abwandlungen wie Fondue-Liebhaber. Puristen schwören auf die klassischen Rezepte. Doch wenn ein paar Grundsätze beachtet werden, beispielsweise, dass ausgereifte Käsesorten ein besseres Fondue ergeben, dann ist der Experimentierfreudigkeit kaum Grenzen gesetzt. Hauptsache, es schmeckt und gibt eine gute Laune!

Sauerkraut, Prosecco, Most und Bier im Fondue?

Wo der Eggenweg 2a in Belp ist, wissen häufig nicht einmal die Einheimischen. Doch wer nach «Chäs-Glauser» fragt, kann nicht fehl gehen. 200 verschiedene Sorten bietet Peter Glauser an. Neben ausgezeichneten Eigenprodukten hat er auch Fertigfondue-Mischungen entwickelt. «Testesser» sind im ersten Moment verblüfft, beim zweiten Bissen meist begeistert. Um im Umfeld von großen Lebensmittel-Anbietern konkurrenzfähig zu bleiben, muss sich ein Käsehändler etwas einfallen lassen. Und wenn er es gar schafft, den Gürbetalern ein «Suurchabis»-Fondue schmackhaft zu machen, dann ist das eine besondere Leistung. Das Gürbetal – muss man wissen – ist weit herum als «Suurchabisland» bekannt. Genau genommen handelt es sich bei dieser Spezialität um eine Käsemischung mit Sauerkabis und Süßmost, die im Caquelon zubereitet wird. Statt Brot zu tunken, gibt man die süßsaure Masse löffelweise über «Gschwellti», die man auf dem Teller mit der Gabel leicht zerdrückt.

Käsermeister Glauser verkauft nicht bloss Käse und Fondues, sondern stellt im blitzblanken Produktionsraum auch Eigenprodukte her. In dem durch eine Glasscheibe vom Ladengeschäft abgetrennten Raum entstehen neben Quark, Joghurt und Dessertkreationen aus Schafmilch auch Spezialitäten wie «Belper Knolle», «Schafseckli» oder «Blaues Belper Hirni» – jedes Produkt eine kulinarische Trouvaille. Auch die Fondue-Mischungen werden hier in großen Mengen zusammengestellt und abgepackt. Das Rezept hört sich einfach an. Pro

Peter Glauser Käsermeister, Belp

Charge werden acht Gruyèresorten von unterschiedlicher Herkunft und Lagerdauer in Flocken geschnitten. Der Freiburger Vacherin wird separat geraffelt. Man kann diese Mischung «trocken» haben und das Fondue mit eigenem Wein herstellen. Oder man kauft sie fixfertig samt Flüssigkeit und Bindemittel in Klarsichtbeuteln. Die Fertigfondues unterscheiden sich in der flüssigen Komponente: traditionell mit Weißwein, edel mit Prosecco oder rustikal mit «Suurem Moscht». Zum eigentlichen Renner hat sich die jüngste Kreation mit Bier entwickelt.

Peter Glauser ist ein experimentierfreudiger Macher. Doch beim Fondue hat er eine klare Linie. Seine Fertigmischungen darf man mit gutem Gewissen kurz aufkochen. Es ist sogar ein Muss, denn zum Binden verwendet er Maisstärke (Maizena), wie das schon unsere Mütter getan haben. Kirsch oder Gewürze dagegen sucht man in seinen Mischungen vergeblich. Den Spielraum zum Verfeinern des Fondues überlässt er gern der Kundschaft. Und der Zitronensaft, der das Fondue angeblich besser verdaulich macht? Säure brauche es, um die unterhalb der Käserinde liegende Schicht zu schmelzen, erklärt er. Seine Fondues brauchen keine zusätzliche Säure, da die Rinde großzügig weggeschnitten wird. Und noch etwas: Ins Fondue, diese typische Landesspezialität, gehören ausschließlich Schweizer Zutaten – das versteht sich von selbst.

Wenn es Probleme gibt bei der Fondue-Zubereitung, weiß der Fachmann aus Belp meist Rat. Gute Tipps erhält man bei Chäs-Glauser ohnehin gratis: Wenn man den Käse schon ein paar Stunden vor dem Kochen mit der Flüssigkeit vermischt, wird das Fondue feiner in der Konsistenz – selbstverständlich erübrigt sich dieser Tipp bei seinen Fertigmischungen. Zum Binden sollte ganz normale Maisstärke (Maizena) verwendet werden. Ist das Fondue nach dem Aufkochen zu dick, wird es mit Wasser verdünnt. Übrigens kann Fondue statt mit alkoholhaltiger Flüssigkeit problemlos mit reinem Wasser zubereitet werden.

Das heißt aber nicht, dass Glauser zu den «Puristen» zählt. Im Gegenteil – als Fondue-Liebhaber, der Abwechslung schätzt, hat er vor Jahren den «Fondue-Stern» entwickelt, eine dreiteilige Konstruktion aus Edelchromstahl, die exakt in das bruchsichere Silit-Caquelon aus kratzfester Stahlkeramik passt. Die Idee ist bestechend: drei statt ein Fondue im gleichen Caquelon. Wer auf Knoblauch steht, kann die Knollen im Knoblauch-Abteil aufspießen. Dann bleiben noch zwei Abteile, die mit anderen Zutaten angereichert werden können – würzig oder süß, ganz nach persönlichen Vorlieben.

Der Mann mit der Spürnase für die besten Käsesorten

Rolf Beeler versteht sich auf das Geschichtenerzählen – vor allem, wenn es um den Schweizer Käse geht. Kenner und Genießer wissen, dass sie dem Mann mit der «Käse-Spürnase» vertrauen können. Die von ihm entdeckten und gepflegten Rohmilchspezialitäten sind längst nicht nur in der Schweizer Spitzengastronomie begehrt, sondern werden auch an Gourmetketten in Deutschland und in den USA geliefert. Es gibt aber auch Leute, die dem kämpferischen «Käse-Anwalt» nicht gern zuhören, da er kein Blatt vor den Mund nimmt. Vor allem, wenn es um Ignoranz und Inkompetenz rund um den ältesten Exportartikel der Schweiz geht.

Echte, unverfälschte Produkte sind Beelers Passion. Seit drei Jahrzehnten ist für den ehemaligen Absolventen des Lehrerseminars Wettingen das Käse-Latein Lebensinhalt – das Veredeln, das Verfeinern, das Vollenden und das Verkaufen von Käse aus Rohmilch. In seinen Seminaren schult er das Sensorium von Fachleuten und Feinschmeckern. Er bringt ihnen bei, was einen guten Käse ausmacht und welcher Wein dazu passt. Der Affineur aus dem Aargau ist stolz auf die Vielfalt und die Qualität der in der Schweiz hergestellten Käse-

Rolf Beeler

Maître Fromager, Nesselnbach

produkte. Er spürt die mit großer Sorgfalt hergestellten Exklusivitäten in Alpbetrieben und kleinen Dorfkäsereien auf, wo Menschen sich mit ihren Produkten ebenso leidenschaftlich identifizieren, wie er dies in seiner Funktion als Bindeglied zwischen Herstellern und Konsumenten tut. Er ermutigt sie, Milch von wenig bekannten Kuhrassen separat zu verarbeiten und sich an Neukreationen zu wagen. Nicht von ungefähr zeigt sich der Maître Fromager überzeugt, dass die Schweiz das beste Käse-Land der Welt sei. Immerhin werden 70 % der Schweizer Käseprodukte aus Rohmilch hergestellt – in Frankreich sind es vielleicht etwa 10 %. Aus gesundheitlicher Sicht seien diese

wertvoller als Käse aus thermisierter und pasteurisierter Milch. Auch kämen Charakter und Aroma viel besser zu Geltung, betont der Fachmann. Sein Handelssortiment umfasst rund 100 verschiedene Provenienzen, darunter 18 «Sélection Rolf Beeler»-Produkte. Die meisten stammen aus der Schweiz – von Schafmilch-Tomme über Ziegenfrischkäse bis zum ausgereiften Sbrinz aus Rohmilch. Doch auch im Ausland entdeckt er Spezialitäten, die seinen hohen Ansprüchen genügen.

Wenn sie gut erzählt werden, lassen sich unsere Käsegeschichten in klingende Münze umwandeln, weiß Rolf Beeler aus Erfahrung. Es fängt beim Rohstoff an: Je nach Futterangebot und Standort der Kühe schmeckt die Milch immer wieder anders. Die sorgfältige Herstellung, die Pflege und der richtige Reifegrad führen sowohl bei traditionellen wie bei innovativen Produkten zu einer einzigartigen Aromenvielfalt, die sich vom Einheitsbrei industriell gefertigter Massenware abhebt. All diese Vorzüge müssten selbstbewusst ins Rampenlicht gerückt werden. Beeler ist überzeugt, dass gerade bei diesem urschweizerischen Produkt etwas mehr Nationalstolz angebracht wäre.

Auf Qualität setzt der Genießer auch bei seinen Fonduemischungen. Sehr beliebt ist die in grobe Flocken geraffelte Variante mit Gruyère (1½ Jahre feucht gelagert), Freiburger Vacherin (6 Monate gelagert) und Alpkäse (4 Monate gelagert) zu gleichen Teilen. Wegen der absoluten Harmonie gehört das Moitié-Moitié (halb Gruyère, halb Freiburger Vacherin) zu Rolf Beelers Favoriten. Für ihn ist die Fondue-Zubereitung etwas Meditatives. Wenn er Freunde einlädt, die offen sind für kulinarische Abenteuer, kann es durchaus sein, dass er ein Rotwein-Fondue mit einem harten Schafkäse als Basis serviert.

Die Zubereitung ist kinderleicht. Doch wenn man ein gutes Fondue auf den Tisch bringen will, muss man sich Zeit nehmen. Die Masse sollte nicht zu hoch erhitzt und immer wieder gerührt werden. Wenn das Fondue zu dünn ist, zieht Beeler noch ein wenig Käse unter die Masse. Für Fertigmischungen werde oft zu wenig ausgereifter Käse verwendet, bemängelt der Fachmann. Bei der Sortenwahl dagegen gibt es kaum Einschränkungen – jedenfalls, wenn es sich um Vollfettkäse handelt. Wichtig sind drei Punkte: der richtige Reifegrad, die Konsistenz und das harmonische Zusammenspiel der ausgewählten Käsesorten.

Das Besondere ist nicht immer auf den ersten Blick zu finden

Chäs & Huhn heißt das Restaurant, welches Marcel Hunziker an der stark befahrenen Luzernerstraße in Oftringen führt. Der Name ist Programm – jahraus, jahrein, in wechselnden Variationen. Doch zuerst muss man den Eingang finden. Am besten nimmt man den Lift hinter dem Haus und fährt ins Untergeschoss: «Zweimal drücken», heißt es auf dem Schild. In den 1758 erbauten Lokalitäten wurde früher einmal Bier gebraut. Jetzt sehen die beiden Gewölbe wie klösterliche Refektorien (Speisesäle) mit modern-rustikalem Ambiente aus. Einer der Eingänge ist mit «Hühnergewölbe» beschriftet. Hier werden die besonders zarten «Mistchratzerli» (Stubenküken) in allen Varianten serviert. Im «Chäsgewölbe» stehen Raclettes und Fondues oben auf der Speisekarte. Die Grundmischungen aus gut gelagerten Käsesorten bezieht der Chef fertig. In der Küche werden sie nach eigenem Rezept veredelt – Details gibt der Chef nicht preis.

Auf der Karte stehen diverse Standard-Fondues: Das klassische «Moitié-Moitié» bezeichnet Marcel Hunziker als sein Lieblingsfondue. Das Braui-Hausfondue besteht aus Freiburger Vacherin, Gruyère, Bergkäse und einem im Felsenkeller gereiften Appenzeller. Immer mehr Liebhaber findet auch das exklusive, sämig-würzige Ziegenkäse-Fondue «La Cabriolle», das absolut nicht «gibelet». Selbst Leute, die eine Milchallergie haben, vertragen es gut. Wegen seines niedrigen Fettgehaltes (30 %) ist es leicht verdaulich und schont sensible

Marcel Hunziker

Restaurant Chäs und Huhn, Oftringen

Magennerven. Immer Saison hat das aromatisch- prickelnde Prosecco-Fondue, während die Suurchabis-Variante eher eine Winter-Spezialität ist. Daneben gibt es weitere den Jahreszeiten angepasste Varianten wie das sommerlich-frische Williams-Fondue, zu dem Birnen in fester und flüssiger Form gehören. Von den meisten Gästen wohlwollend aufgenommen wird, dass zu den meisten Fondues Gschwellti serviert werden. Zusammen mit seiner 2008 bei einem Unfall ums Leben gekommenen Gattin hat der gelernte Koch den Traum vom eigenen Lokal um die Jahrtausendwende verwirklicht. Allerdings musste sich Marcel Hunziker bereits bei der Konzeptplanung eingestehen, dass die von ihm favorisierte mediterran angehauchte Frischküche allein schon des Warenaufwandes wegen nicht rentieren würde. «Was essen Herr und Frau Schweizer am liebsten?», wollte er daraufhin von seinen Bekannten wissen. Und immer erhielt er die gleiche Antwort: «Chäs und Huhn!» Also baute er das gastronomische Konzept auf diesen beiden Lebensmitteln auf – wobei selbstverständlich auch ein saftiges Steak oder ein Maxi-Cordon-bleu auf der Karte stehen. Top-Qualität auf dem Teller und ein erstklassiger, freundlicher Service – das waren zwei weitere wichtige Kriterien.

Das Rezept ist aufgegangen. Das Speiselokal wurde vor allem durch Mund-zu-Mund-Propaganda bekannt. Der versierte Gastronom setzt aber auch auf den Internet-Auftritt. Das macht neugierig und lockt Gäste aus nah und fern an. Es gebe sogar Fans, die regelmäßig einen Halt in Oftringen machen, um sich mit «Chäs und Huhn»-Spezialitäten auf die Ferien einzustimmen, schmunzelt Hunziker.

Das durch sein klares Design bestechende Lokal ist auch bei Gastgebern beliebt, die ihrem ausländischen Besuch etwas typisch Schweizerisches bieten möchten. Und wenn Gäste, die zum ersten Mal Fondue essen, für die «Käsesuppe» einen Löffel verlangen, lässt sich das Servicepersonal nicht aus der Ruhe bringen. Der Küchenchef serviert je nach Nationalität etwas weniger Fondue. Wenn asiatische Gäste am Tisch sitzen, bereitet er mittlerweile sogar nur noch eine halbe Portion zu. Doch selbst dann bleibt der größte Teil als verbrannte Kruste auf dem Caquelonboden zurück.

Ein paar Geheimtipps lässt sich der Fondue-Spezialist zum Schluss dann doch noch entlocken: Die Käsemischung soll bei schwacher Hitze schmelzen und die Masse muss gut gerührt werden. Vor dem Servieren etwas Schlagrahm/-sahne oder einen guten Esslöffel Doppelrahm/Crème double unter das Fondue ziehen – so wird es wunderbar sämig.

Ein Berner Käsermeister, der im Engadiner Champagner-Klima Fertigfondue mischt

Statt Australien, wie ursprünglich geplant, wurde das Engadin zur Wirkungsstätte von Hansjürg Wüthrich. Der Käsermeister aus dem Bernbiet hat die Sennereigenossenschaft Pontresina zu einem florierenden Handelsbetrieb gemacht und dem Bündner Hochtal mit der Schaukäserei bei der Bahnstation Morteratsch zu einer beliebten Touristen-Attraktion verholfen.

Bilderbuch-Idylle unweit der Glacier-Express-Station – schneebedeckte Gipfel und vergissmeinnichtblauer Himmel so weit das Auge reicht. Den Geruch des Holzfeuers nimmt man wahr, noch bevor die kleine Alphütte in Sicht ist. Beim Hintereingang umgekehrte Milchkanne an Milchkanne. In der Hütte legt der Senn sorgfältig einige Lärchenholzstücke in die Glut. Am vom Rauch gebeizten Holzgalgen (Turner) hängt ein Kupferkessel mit schaumig weißer Alpmilch. Die Rohmilch-Käseherstellung ist eine Kunst, sagt der Senn. Die Temperatur der Milch darf während des ganzen Prozesses 48 °C nicht übersteigen. Das Kupferkessi wird von Juli bis September täglich 2 bis 3 Mal mit Milch gefüllt. Diese stammt vom Braunvieh, das in Hüttennähe im Berninagebiet und im Fextal gesömmert wird.

Hansjürg und Evelyne Wüthrich

Sennereigenossenschaft Pontresina

Die Idee, das Käsereihandwerk in seiner urtümlichsten, schon vor Jahrhunderten auf den Schweizer Alpen praktizierten Form zu zeigen, kommt bei den Besuchern gut an. Vor allem weil es die einzige Alpkäserei mit Bahnanschluss ist, wie Wüthrich scherzhaft meint. Doch der hier produzierte Käse darf sich sehen lassen: In sorgfältiger Handarbeit werden in den drei Sommermonaten rund dreitausendfünfhundert rahmige Gletscher-Mutschli und zweihundertfünfzig 8 bis 9 Kilogramm schwere Heutaler-Laibe (Val da Fain) hergestellt. Die exklusiven Käse-Kreationen mit einem Hauch von Holzfeuer-Geschmack finden reißenden Absatz. Der größte Teil wird direkt in der Schaukäserei, im Sennerei-Laden in Pontresina und in der Filiale in Samedan sowie an einheimische Hotels verkauft.

Schon bald nach der Lehre hatte der Berner den Engadinern während einiger Jahre das Käsen beigebracht. Später verbrachte er eine Saison als Surflehrer auf den Oberengadiner Seen. Als er Ende der achtziger Jahre von der Sennereigenossenschaft Pontresina als Betriebsleiter eingestellt wurde, entdeckte er die idyllisch gelegene, aber etwas verlotterte rund 250-jährige Hütte auf der Alp Nuova. Dort sei schon früher Käse hergestellt worden, erzählte man ihm. 1995 wurde die Käseherstellung in der renovierten Hütte wieder aufgenommen. Allerdings nur dank der Hartnäckigkeit und Überzeugungskraft des Käsermeisters, der sich von der ablehnenden Haltung maßgeblicher Leute nicht hatte beeindrucken lassen.

Wenn die Alpkäserei in den Winterschlaf geht, fängt die Fondue-Saison erst richtig an. Dann läuft die «Gletscherfondue»-Produktion in Pontresina rund. Als einer der ersten experimentierte Hansjürg Wüthrich mit Frischfondue-Fertigmischungen ohne Schmelzsalze. Käse, Wein und Kirsch werden im kalten Zustand gemischt und nicht vorgeschmolzen. Die Käsemasse wird ohne Konservierungsmittel abgepackt und ist mehrere Wochen haltbar. Klugerweise hatte Hansjürg Wüthrich die Marke schützen lassen, denn Nachahmer gibt es zuhauf.

Innerhalb weniger Jahre hat sich der Umsatz des «Gletscherfondues» verdoppelt. Im Winterhalbjahr sind mittlerweile drei Personen vollauf mit der Produktion beschäftigt. Bei den Schönen und Reichen kommt das Trüffel-Champagner-Fondue besonders gut an. Es besteht aus vier verschiedenen Käsesorten und wird mit schwarzer Trüffel veredelt. Auch das aromatische Engadiner Kräuter-Fondue oder die rezente Sennerei- Hausmischung und das traditionelle Moitié-Moitié verkaufen sich gut.

Je nach Rezept enthalten die Spezialmischungen zwei bis vier Käsesorten. Zu den klassischen Zutaten gehört der Gruyère – für Wüthrich

nebst dem Alpkäse der «ehrlichste» Käse überhaupt, da er sehr authentisch und ohne aufwändige Einrichtungen hergestellt und gelagert werden kann. Die Aromen der Gletscherfondues werden mit ausgewählten Alpkäsesorten aus der Region abgerundet. «Man muss das Fondue nicht neu erfinden. Die Mischung macht's aus», ist der erfolgreiche Käsefachmann überzeugt.

Gehobene Küche aus Schätzen der Natur und hofeigenen Produkten

Keine Angst. Um Philipp Oesters Wildheu-Fondue oder andere Spezialitäten aus einheimischen Produkten zu genießen, muss man nicht die steilen Flanken des Albrist- oder des Seewlenhorns hochklettern. Für Ortsunkundige ist der Weg ins «Silleretäli» in Adelboden auch so noch abenteuerlich genug. Doch er lohnt sich – jedenfalls vom Herbst bis Ostern, wenn das Restaurant Aebi geöffnet ist. «Ich bin Philipp.» Ein offener, sympathischer Blick, ein fester Händedruck, die braunen Haare zum Pferdeschwanz gebunden – Typ Skilehrer, «Snöber» oder «Freestyler». Sportlich ist er schon, das stimmt. Doch der Adelbodner hat noch eine ganze Reihe anderer Talente, die er höher gewichtet und mit drei eidgenössischen Berufsdiplomen bezeugen kann. Als Zimmermann legt er überall selber Hand an, wenn es um «Holziges» geht. Im Sommer ist er vor allem Bergbauer und packt auf dem elterlichen Hof mit an. Im Winter steht er im Restaurant Aebi am Kochherd und kreiert wunderbare Gerichte mit Produkten aus der Region. Diese kombiniert er lust- und fantasievoll mit Kräutern, Blüten, Wildfrüchten und Pilzen, die er selbst gesammelt und weiterverarbeitet hat.

Das niedrige, braun verwitterte Holzhaus, in dem Philipp Oester mit seiner Frau Melanie und den beiden Kindern zu Hause ist, befindet sich seit mehr als 200 Jahren im Familienbesitz. Um 1930 begann die Urgroßmutter mit der Bewirtung von Bergwanderern und Ski-

Philipp und Melanie Oester

Restaurant Aebi, Adelboden

sportlern. Diese Tradition wurde von der Großmutter und Philipps «Muetter» Doris – einer sieggewohnten Bergläuferin – weitergeführt. Noch heute sind bodenständige Kost wie Suppen, Käseschnitten, Bratwurst oder Sennenrösti bei den Tagesgästen sehr beliebt. Doch seit Philipp Oester das Zepter in der Küche übernommen hat, wird die heimelige Gaststube ab 18 Uhr von den Gourmets bevölkert. Seine Abendkarte mit Kreationen aus einheimischen Produkten gilt als Geheimtipp unter Kennern und Genießern.

Oesters Küche ein Etikett anzuhängen, ist schwierig. Ökologische Kreisläufe sind dem Berner Oberländer wichtig. «Authentisch» und «einheimisch» sind zwei prägende Begriffe. Dem Kochfreak ist keine Arbeit zu schwer und kein Weg zu weit, um die Gäste mit unentdeckten kulinarischen Schätzen aus seiner Heimat zu verwöhnen. Die Voraussetzungen sind ideal: Das Fleisch, das er in der Küche oder auf dem Cheminéerost in der Gaststube zubereitet, stammt fast ausschließlich aus dem eigenen Stall, wo die Kälbchen mit Muttermilch und die Rinder mit saftigen Kräutern gefüttert werden. Ein schönes Leben haben auch die Lämmer, bevor sie zu Hausspezialitäten werden. Und im Herbst sorgt Vater Oester mit seinen Adelbodner Jagdkameraden für den Nachschub an Wild. Philipps größter Stolz aber ist sein eigenhändig angelegter, mit Quellwasser gespeister Fischteich. Zwei Jahre lässt er den Bergforellen Zeit, eine «tellerfertige» Größe zu erreichen.

Auch der Käse entsteht in Eigenproduktion: Im Sommer, wenn die Kühe auf der nahen Alp weiden, verarbeitet Mama Doris die Milch zu «Mutschli», die sie mit Kräutern oder Gewürzen veredelt und ab Hof verkauft. Der größte Teil der Natur-, Chili-, Curry-, Tomaten- oder Wildkräuterkäse kommt jedoch im «Aebi» als Cordon bleu, Sennenrösti oder als Bestandteil von Fondue-Spezialitäten auf den Tisch. Weit herum bekannt ist Philipp Oester für sein Wildheu-Fondue. Die Basis ist ein Sud aus trockenem Weißwein und kräuterreichem Wildheu, das er im Spätsommer auf einer Höhe von über 2500 m mit der Sense schneidet. Für den naturverbundenen Tausendsassa ist es Herausforderung und Passion, Gästen und Berufskollegen zu zeigen, dass es in den Bergen genügend einheimische Produkte gibt, mit denen man hervorragend kochen kann. Seine vielen Aktivitäten bescheren ihm zwar ein volles Programm. Doch er empfindet dies als Privileg. Und wenn er, allein oder mit Familie, vor der Haustüre auf Entdeckungsreise geht, gibt es keine schönere Erholung, als die Schätze der Natur aufzuspüren und zu nutzen.

Vergnügte Zickensprünge mit der «Cabriolle du Lévanchy

Mit Käse hatte Daniel Minnig am Anfang seiner Berufskarriere wenig am Hut. Doch ausgerechnet im Greyerzerland, wo der berühmte Gruyère, der Vacherin fribourgeois und das Fondue Moitié-Moitié herkommen, hat er sein Geißkäse-Fondue «La Cabriolle du Lévanchy» lanciert und beim Wettbewerb der innovativsten Regionalprodukte eine Goldmedaille gewonnen.

Bulle: Die Häuserzeile an der Rue de Gruyère dürfte fast so alt sein wie das trutzige Schloss aus dem 13. Jahrhundert. An der Fassade ist noch der Name der ehemaligen Wirtschaft «Au XIII. canton» zu lesen. Dort wurde 2004 ein neues schmiedeisernes Gasthaus-Schild mit der Aufschrift «La Cabriolle» und einem Zicklein befestigt, das einen vergnügten Luftsprung macht. Vergnügen hat auch, wer das Restaurant besucht. Mit seiner verspielten Ambiance zwischen Mittelalter und Museum dürfte es eines der originellsten Restaurants zwischen Bern und Montreux sein. Nicht von ungefähr haben Daniel Minnig und seine holländische Frau Manon die Ziege in den Mittelpunkt gestellt, denn die possierliche Milchlieferantin steht auch als Markenzeichen für sein Geißkäse-Fondue.

Angefangen hat es mit einem kleinen Tisch und sechs Käsesorten auf dem Berner Münsterplatz. Nach einer langen Karriere als Sicherheitschef bei der Bergrettung wollte der gelernte Dekorateur mit seiner

Daniel und Manon Minnig

Restaurant La Cabriolle, Bulle

Frau gemeinsam etwas Neues wagen. Die charmante Art des Paares kam bei der Kundschaft gut an. Mit der Erweiterung des Sortiments wuchs auch ihr Fachwissen über Käse jeglicher Art und Provenienz. Schon nach wenigen Jahren führten Minnigs an ihren auf Lyss, Grenchen und den Hauptbahnhof Zürich erweiterten Standorten zwischen 130 und 160 Käsesorten – die Auslage war nun 17 Meter lang. Manchmal hätten sie an jedem Tischende ein Käsecaquelon aufgestellt – im einen ein Moitié-Moitié, im anderen ein Vacherin-Fondue. Ein Degustations-Gag, der von den Passanten gut aufgenommen worden ist, erinnert sich der gebürtige Oberwalliser vergnügt – zumal auch ein Gläschen «Weißer» offeriert wurde.

An der «Käsefront» lernte Daniel Minnig Menschen kennen, welche empfindlich auf Kuhmilchprodukte reagieren. Das brachte ihn dazu, ein Fondue zu entwickeln, das auch Allergikern wohl bekommt. Erste Versuche mit dem Schafskäse waren nicht befriedigend. Etwa 5 Jahre habe er gepröbelt, bis der richtige Käse und die perfekte Mischung gefunden waren. Nicht nur der Geschmack, auch die Konsistenz muss stimmen. Das wurde zur Knacknuss, da die Moleküle der Ziegenmilch kleiner sind als die der Kuhmilch. Unterdessen hat das aromatisch-dezente Geißkäse-Fondue viele Liebhaber gefunden; es hat sich herumgesprochen, dass es leichter verdaulich ist als herkömmliche Fondue-Arten. Unter dem Markennamen «La Cabriolle du Lévanchy» ist das Produkt weltweit geschützt. Bei der Lancierung im Jahr 2005 wurde es im Rahmen des Schweizer Regionalprodukte-Wettbewerbs sogar mit einer Goldmedaille ausgezeichnet. Für eine bessere Vermarktung mieteten sich Minnigs im Jahr 2004 im ersten Stockwerk an der Greyerzerstrasse 5 ein. Da die Infrastruktur vorhanden war, entschlossen sie sich, den alten Saal wieder dem Zweck entsprechend zu nutzen und boten neben dem Geißkäse-Fondue auch die beiden Greyerzer Traditionsfondues Moitié-Moitié und Vacherin an. Zwei Jahre später konnten sie auch das Lokal im Parterre übernehmen, das ebenfalls in Eigenregie renoviert und mit viel Fantasie dekoriert wurde.

Im «Cabriolle» ist nicht nur die Atmosphäre, welche die Augen auf Entdeckungsreise einlädt, höchst vergnüglich, sondern auch, was liebevoll angerichtet auf den Teller kommt. Die Speisekarte enthält nämlich längst nicht mehr ausschließlich Fondues. Was das Kochen anbelangt, bezeichnet sich Daniel Minnig zwar bescheiden als Autodidakten. Doch die Küche trägt seine ureigene Handschrift. Spielerisch und völlig unbelastet von jeglicher Lehrmeinung experimentiert er mit den Produkten, die er größtenteils aus der Region bezieht. Was dabei herauskommt, macht neugierig – ist Genuss pur und erfreut alle Sinne.

Fondue-Rezepte

für 2 Personen

200 g Gruyère AOC, höhlengereift
200 g Freiburger Vacherin aus Rohmilch
2 dl / 200 ml spritziger Weißwein, z. B. Chasselas / Gutedel
2 Schalotten, halbiert
2 Knoblauchzehen, gequetscht
5 Abriebe Muskatnuss
frisch gemahlener schwarzer Pfeffer nach Belieben
1 EL Maisstärke
1 Msp Backpulver
20 ml alter Zuger Kirsch

Zum Eintauchen

250 g frisches Ruchbrot

1 Käse entrinden. Gruyère auf der Röstiraffel in das Caquelon reiben. Freiburger Vacherin in 5 mm große Würfelchen schneiden, mit Weißwein, Schalotten, Knoblauch und Gewürzen in das Caquelon geben, mischen. **2** Maisstärke und Backpulver mit Kirsch glattrühren. **3** Das Brot in mundgerechte Würfel schneiden. **4** Die marinierte Käsemischung bei mittlerer Hitze unter ständigem Rühren schmelzen, Kirsch-Gemisch unterrühren, das Fondue nochmals erhitzen. **5** Das Caquelon auf das angezündete Rechaud stellen, das Fondue am Kochpunkt halten, immer wieder rühren.

Moitié-Moitié traditionell

Getränke Schwarztee, Weißwein, ein Gläschen Kirsch

Variante Würfelchen von eingemachten Birnen und frische Apfelstückchen eintauchen.

grasse e.s. – min. 45% di materia grasse in s.s. – min. 45% matière gras
RU LAIT CRU LA
Sélection
FROMAGERIE MOLÉSON SA
FROMAGERIE MOLÉSON SA • FROMAGERIE MOLÉ
MOLÉSON MOLÉSON MOLÉSON MOLÉSON MOLÉSON
Vacherin Fribourgeois
SWITZERLAND
Fribourgeois
VIEUX SUISSE
käse – min. 45% matière grasse e.s. –
SWITZ

für 2 Personen

200 g Gruyère
100 g rezenter Alpkäse, z. B. Simmentaler oder Urner
100 g Appenzeller Käse extra
2 rote Chilischoten, entkernt, klein gewürfelt
2 Knoblauchzehen, fein gewürfelt
1 TL Chilipulver
2 dl / 200 ml vergorener Apfelsaft
1 EL Maisstärke
1 Msp Backpulver
2 EL weißer Martini
2 rote Thai-Chilis, in Ringen

Zum Eintauchen

200 g Focaccia, Seite 81

1 Focaccia am Vortag backen, auskühlen lassen, in Klarsichfolie einwickeln und im Kühlschrank lagern. **2** Käse entrinden und auf der Röstiraffel in das Caquelon reiben. Chili, Knoblauch, Chilipulver und vergorenen Apfelsaft zugeben, mischen. Das Caquelon mit Klarsichtfolie verschließen. Die Käsemischung 2 Stunden oder länger marinieren lassen. **3** Den Backofen auf 180 °C vorheizen. **4** Focaccia vierteln, mit der Aufschnittmaschine in dünne Scheiben schneiden. Auf ein Kuchenblech legen, im vorgeheizten Ofen bei 180 °C etwa 6 Minuten rösten. **5** Maisstärke und Backpulver mit dem Martini glattrühren. **6** Die marinierte Käsemischung bei mittlerer Hitze unter ständigem Rühren schmelzen, Martini-Gemisch unterrühren, das Fondue nochmals erhitzen. Chiliringe darüberstreuen. **7** Das Caquelon auf das angezündete Rechaud stellen, das Fondue am Kochpunkt halten, immer wieder rühren. Geröstete Focacciascheiben von Hand in das Fondue tauchen.

Chilifondue ganz schön heiß

Getränke Corona-Bier, Grüntee, ein Gläschen Tequila

Varianten Die Focaccia kann durch hauchdünn geschnittenes Weiß- oder Ruchbrot ersetzt werden. Gut zum Chilifondue passen auch Avocado- und Ananaswürfel, welche an die Fonduegabel gesteckt werden. Das Fondue kann so auch zum Aperitif serviert werden: Zahnstocher in die Avocado- und Ananaswürfel stecken.

für 4 Personen

Einlage

- 8 mittelgroße Tomaten
- 4 EL Olivenöl extra vergine
- 2 Knoblauchzehen, in feinen Scheiben
- 2 Thymianzweiglein, abgezupfte Blättchen
- 1 Schalotte, fein gewürfelt
- 1 TL Salz
- schwarzer Pfeffer nach Belieben
- 1 EL Tomatenpüree
- 1 Prise Zucker
- 1 Basilikumzweig, Blätter abgezupft, in Streifchen
- 1 dl / 100 ml Prosecco

Fondue

- 200 g Tête de Moine
- 100 g Freiburger Vacherin aus Rohmilch
- 100 g reifer Ziegenkäse
- 1 dl / 100 ml Prosecco
- Tomatenjus von den Tomatenkernen, Punkt 3
- 1 Prise Cayennepfeffer
- ½ unbehandelte Orange, fein abgeriebene Schale
- 1 EL Maisstärke
- 1 Msp Backpulver
- 2 EL Gin
- 2 Basilikumzweige, Blätter abgezupft, in Streifchen

- 800 g kleine Kartoffeln

1 Für die Tomaten den Backofen auf 140 °C vorheizen. **2** Tomaten schälen: Gemüsefrüchte an der Spitze kreuzweise einschneiden, im Schaumlöffel in kochendes Wasser tauchen, bis sich die Haut löst, unter kaltem Wasser abschrecken, die Haut abziehen. Frische Tomaten mit fester Haut lassen sich auch mit dem Sparschäler schälen. Stielansatz ausstechen, Tomaten vierteln, gallertartige Masse mit Kernen entfernen und in ein Saucenpfännchen geben. Ein Kuchenblech mit Backpapier belegen und dieses mit Olivenöl einpinseln. Knoblauchscheiben, Schalotten und Thymianblättchen auf dem Backpapier verteilen. Tomatenviertel darauflegen, würzen. Im Backofen bei 140 °C 1 Stunde schmoren. Aus dem Backofen nehmen, auskühlen lassen. Tomatenviertel in Würfel schneiden und in einer Schüssel mit Knoblauch, Thymian und Tomatensaft vom Blech mischen. **3** Tomatenpüree, Zucker, Basilikum und Prosecco zu den Tomatenkernen geben, mit Pfeffer würzen, bei mittlerer Temperatur 10 Minuten köcheln lassen. Tomatenfond durch ein feines Sieb streichen und auskühlen lassen. **4** Käse entrinden. Tête de Moine auf der Röstiraffel in das Caquelon reiben. Vacherin und Ziegenkäse in Würfelchen schneiden und zugeben. Prosecco, Tomatenjus und Cayennepfeffer untermischen. Das Caquelon mit Klarsichtfolie verschließen. Käsemischung 2 Stunden marinieren. **5** Kartoffeln in der Schale im Dampf weichkochen. Kurz ausdampfen lassen. Schälen. **6** Vier Suppenteller vorwärmen. **7** Maisstärke und Backpulver mit Gin glattrühren. **8** Die marinierte Käsemischung bei mittlerer Hitze unter ständigem Rühren schmelzen, Gin-Gemisch unterrühren, Fondue nochmals erhitzen. Orangenschale, Basilikum und Tomaten unterrühren. **9** Caquelon auf das angezündete Rechaud stellen, Fondue am Kochpunkt halten, immer wieder rühren. **10** Pro Person 2 bis 3 Kartoffeln halbieren, in vorgewärmte Teller legen, Tomatenfondue darüber verteilen.

Tomatenfondue sommerlich

Getränke Prosecco, Chardonnay Barrique, Blauburgunder, geeister Hibiskustee

für 2 Personen

150 g Schafskäse, z. B. Emscha aus dem Entlebuch
150 g Hagelhans, der andere Emmentaler
100 g Reblochon
2 EL weißer Balsamessig
2 dl/200 ml dunkles Bier
5 zerdrückte Wacholderbeeren
1/4 TL zerdrückte Kümmelsamen
1 TL Paprikapulver
1 TL zerdrückte rosa Pfefferkörner
50 g Speckwürfelchen
1 kleine Zwiebel, fein gewürfelt
2 Knoblauchzehen, fein gewürfelt
1 EL Maisstärke
1 Msp Backpulver
2 EL Vieille Prune/Alte Pflaume

Zum Eintauchen

400 g Laugenbrot

1 Käse entrinden und in Würfelchen schneiden. **2** Käse, Balsamessig, Bier sowie sämtliche Gewürze in einer Schüssel mischen. 30 Minuten marinieren. **3** Das Laugenbrot in Würfel schneiden. **4** Maisstärke, Backpulver und Vieille Prune glattrühren. **5** Speckwürfelchen im Caquelon knusprig braten, Zwiebeln und Knoblauch zugeben und kurz mitdünsten, marinierte Käsemischung zugeben, bei mittlerer Hitze unter ständigem Rühren schmelzen, Vieille-Prune-Gemisch unterrühren, Fondue nochmals erhitzen. **6** Das Caquelon auf das angezündete Rechaud stellen, das Fondue am Kochpunkt halten, immer wieder rühren.

Bierfondue

kräftiges Bier im Fondue und im Glas

Getränke Dunkles Bier, Apfelsaft, vergorener Apfelsaft

Variante Zum Bierfondue passen auch Laugenbrezeln zum Selberbrechen.

für 2 Personen

300 g Fontina oder Freiburger Vacherin
1 dl/100 ml Milch
2 Eigelbe
1 EL Butter
½ TL Fleur de Sel
frisch gemahlener schwarzer Pfeffer nach Belieben

Zum Eintauchen
2 mittelgroße Brokkoli
2 Spross Stangen-/Staudensellerie
4 Kräuterseitlinge (festfleischiger Zuchtpilz)
Grissini, Seite 77

1 Käse entrinden, auf der Röstiraffel in eine Schüssel reiben, Milch zugeben, gut mischen. Schüssel mit einer Klarsichtfolie verschließen. Käse über Nacht im Kühlschrank reifen lassen. **2** Die Stiele beim Brokkoli abschneiden, schälen und in Stäbchen schneiden. Brokkoliblumen in Röschen teilen. Grobfasrige Teile beim Stangensellerie mit dem Sparschäler entfernen. Alles Gemüse im Dampf knackig garen. Kräuterseitlinge grob würfeln, im Salzwasser blanchieren. **3** Eigelbe und Butter unter den gereiften Käse rühren. Die Käsemasse in einer Chromstahlschüssel über dem schwach kochenden Wasserbad unter Rühren schmelzen, bis die Fonduta cremig ist, mit Salz und Pfeffer abschmecken. Fonduta in das Caquelon gießen. Auf ein Kerzenrechaud stellen. Fonduta immer wieder rühren.

Fonduta aus dem Aostatal

Getränke Dolcetto d'Alba oder Arneis

Varianten Fonduta mit fein gehobelter weißer Trüffel anreichern. Mit Crostini servieren.

für 2 Personen

2 Handvoll wildes Bergheu, ca. 80 g, oder gehaltvolles Heu von einer Magerwiese
2 dl / 200 ml trockener Weißwein, z. B. Chasselas / Gutedel
200 g «chüschtiger» Adelbodner Alpkäse oder anderer Alpkäse
200 g alter Gruyère
2 Schalotten, halbiert
2 Knoblauchzehen, gequetscht
5 Abriebe Muskatnuss
frisch gemahlener schwarzer Pfeffer nach Belieben
1 TL Paprikapulver
2 EL Weißmehl
1 dl / 100 ml Prosecco
1 EL Alpenkräuter-Branntwein
4 EL Schlagrahm / -sahne

Zum Eintauchen

300 g Dinkelbaguette, gewürfelt

1 Das Heu in eine Schüssel geben. Den Weißwein erhitzen und über das Heu gießen. Zugedeckt mindestens 30 Minuten ziehen lassen. Den Schüsselinhalt in ein feines Sieb geben und die Flüssigkeit im Caquelon auffangen, das Heu gut ausdrücken. **2** Käse entrinden, auf der Röstiraffel in das Caquelon reiben. Schalotten, Knoblauch und Gewürze zugeben, alles gut mischen. Das Caquelon mit Klarsichtfolie verschließen. Käsemischung 2 Stunden marinieren. **3** Mehl und Prosecco unter die Käsemasse rühren. Käsemischung bei mittlerer Hitze unter ständigem Rühren schmelzen, mit dem Alpenkräuter-Branntwein abrunden, mit Schlagrahm verfeinern. **4** Das Caquelon auf das angezündete Rechaud stellen, das Fondue am Kochpunkt halten, immer wieder rühren.

Bergheu-Fondue

Philipp Oester, Restaurant Aebi, Adelboden

Getränke gekühlter oder heißer Alpentee, Bergminzesprudel mit Zitrone

Variante Auch Gschwellti passen zum Bergheu-Fondue.

Wichtig Das Heu muss von einer ungedüngten Magerwiese stammen. Meistens findet man diese oberhalb von 1200 m.

für 2 Personen

100 g Pecorino
100 g einheimischer Schafskäse, z. B. Emscha aus dem Entlebuch
200 g Freiburger Vacherin aus Rohmilch
4 Knoblauchzehen, in feinen Scheiben
1 rote Chilischote, entkernt und fein gewürfelt
2 dl / 200 ml Chardonnay Frizzante
1 EL Kartoffelstärke
½ Zitrone, Saft
2 Zweige Oregano, gehackt
2 EL Mascarpone
Chiliöl zum Beträufeln

Zum Eintauchen

16 entsteinte schwarze Oliven
24 in Olivenöl eingelegte Dörrtomaten
6 Mini-Auberginen
2 Zucchini
1 Baguette mit Oliven

ca. 24 Holzspießchen

1 Käse entrinden. Schafskäse auf der Röstiraffel in das Caquelon reiben. Freiburger Vacherin in Würfelchen schneiden, in das Caquelon geben. Knoblauch, Chili und Wein unterrühren. Caquelon mit Klarsichtfolie verschließen. Käsemischung 30 Minuten mariniren. **2** Dörrtomaten halbieren. Zucchini beidseitig kappen, längs vierteln, Kerne herausschneiden, mit dem Zestenmesser eine Kerbe in die Schale ziehen (siehe Bild), Zucchiniviertel in 1 cm breite Stücke schneiden. Auberginen längs halbieren und in 1 cm breite Stücke schneiden. Baguette längs halbieren und in 5 mm dicke Scheiben schneiden. Gemüsestückchen und Baguettescheiben auf die Holzspießchen stecken. Die Spießchen zum Beispiel in eine Aubergine stecken. Oder ganz einfach die Zutaten in Schälchen füllen. **3** Kartoffelmehl mit Zitronensaft verrühren. **4** Marinierte Käsemischung bei mittlerer Hitze unter ständigem Rühren schmelzen, Zitronen-Gemisch unterrühren, das Fondue nochmals erhitzen. Mit dem Oregano und dem Mascarpone verfeinern und dem Chiliöl beträufeln. **5** Das Caquelon auf das angezündete Rechaud stellen, das Fondue am Kochpunkt halten, immer wieder rühren.

Moitié-Moitié neu interpretiert

Getränke Chardonnay Frizzante oder Prosecco

für 2 Personen

200 g Gruyère AOC, höhlengereift
200 g Freiburger Vacherin aus Rohmilch
2 dl / 200 ml spritziger Weißwein, z. B. Chasselas / Gutedel
2 Knoblauchzehen, zerquetscht
5 Abriebe Muskatnuss
frisch gemahlener schwarzer Pfeffer nach Belieben
20 ml «Lie» Treschterbrand aus der Westschweiz
1 EL Maisstärke
1 Msp Backpulver

Lauchgemüse

1 EL Butter
1 Schalotte, fein gewürfelt
500 g Lauch
frisch gemahlener schwarzer Pfeffer
500 g kleine Kartoffeln, z. B. Stella

1 Käse entrinden. Gruyère auf der Röstiraffel in das Caquelon reiben. Freiburger Vacherin in 5 mm große Würfelchen schneiden, in das Caquelon geben. Weißwein und Knoblauch unterrühren, mit Muskatnuss und Pfeffer würzen. Caquelon mit Klarsichtfolie verschließen. Käsemischung 2 Stunden marinieren. **2** Die grobfasrigen Teile beim Lauch entfernen. Die Lauchstangen in Ringe schneiden. Lauch und Schalotten in der Butter andünsten, bei schwacher Hitze knackig dünsten, großzügig mit Pfeffer würzen. Beiseite stellen. **3** Kartoffeln in der Schale im Dampf weich kochen. In einem Kartoffelwärmer warm stellen. **4** Die Teller möglichst heiß werden lassen. **5** Maisstärke und Backpulver mit dem Treschterbrand glattrühren. **6** Den Lauch unter die marinierte Käsemasse rühren, Käse unter ständigem Rühren schmelzen, Treschter-Gemisch unterrühren, das Fondue nochmals erhitzen. **7** Fondue auf das angezündete Rechaud stellen. **8** Die Kartoffeln längs halbieren und auf die Teller legen. Das Lauchfondue über die Kartoffeln verteilen.

Lauchfondue «Papet vaudois»

Getränk spritziger Waadtländer Weißwein

Variante Luftiger wird das Fondue, wenn man vor dem Servieren 2 EL Schlagrahm / -sahne unterzieht.

für 2 Personen

20 g getrocknete Steinpilze
½ dl / 50 ml Milch
400 g frische Steinpilze
450 g Freiburger Vacherin aus Rohmilch
1 dl / 100 ml Milch
1 Knoblauchzehe, zerquetscht
frisch gemahlener schwarzer Pfeffer
1 Prise Cayennepfeffer
Milch von den Steinpilzen
3 EL Milch
1 EL Maisstärke
¼ TL Backpulver

Zum Eintauchen

1 Rezeptmenge Rosmarinfocaccia, Seite 81, gewürfelt

1 Die getrockneten Steinpilze in der Milch 15 Minuten einweichen. Pilze aus der Milch nehmen und ausdrücken, grob hacken **2** Frische Steinpilze in Streifen schneiden und in Salzwasser 2 Minuten blanchieren. In ein Sieb abgießen. **3** Freiburger Vacherin entrinden und blättrig schneiden, mit Milch, Knoblauch und Gewürzen im Caquelon mischen. Caquelon mit einer Klarsichtfolie verschließen. Käsemischung 1 Stunde marinieren. **4** Maisstärke und Backpulver mit der Milch glattrühren. **5** Steinpilzmilch unter die Käsemasse rühren. Die Käsemasse bei mittlerer Hitze unter ständigem Rühren schmelzen, Trocken- und Frischpilze zugeben, Milch-Gemisch unterrühren, das Fondue nochmals aufkochen. **6** Das Caquelon auf das angezündete Rechaud stellen. Das Fondue am Kochpunkt halten, immer wieder rühren.

Steinpilzfondue es herbstet

Getränk Riesling × Sylvaner aus den Bündner Herrschaften

Variante Anstelle der Milch kann auch ein spritziger Weißwein genommen werden, z. B. ein Chasselas / Gutedel. In diesem Fall auch die Maisstärke mit Weißwein glattrühren.

für 2 Personen

30 g schwarze Trüffeln, z. B. einheimische Burgunder-Trüffeln
200 g Fontina aus Rohmilch aus dem Aostatal
200 g Taleggio
2 dl / 200 ml Chardonnay Frizzante oder Prosecco
½ TL getrockneter Thymian
1 Msp Cayennepfeffer
1 EL Maisstärke
2 EL Chardonnay Frizzante
30 g schwarze Trüffeln, z. B. einheimische Burgunder-Trüffeln

Zum Eintauchen

1 Rezeptmenge Kartoffelgnocchi, Seite 74

1 Die schwarzen Trüffeln waschen, mit einer Gabel zerdrücken und in das Caquelon geben. **2** Käse entrinden. Fontina auf der Röstiraffel in das Caquelon reiben. Taleggio in Würfelchen schneiden, mit Chardonnay, Thymian und Cayennepfeffer untermischen. Caquelon mit Klarsichtfolie verschließen. Käsemischung mindestens 30 Minuten marinieren. **3** Gnocchi zubereiten. **4** Maisstärke mit Chardonnay glattrühren. **5** Die Käsemasse bei mittlerer Hitze unter ständigem Rühren schmelzen, Chardonnay-Gemisch unterrühren, das Fondue nochmals aufkochen. **6** Caquelon auf das angezündete Rechaud stellen. Das Fondue am Kochpunkt halten, immer wieder rühren. Die restliche schwarze Trüffel vor den Gästen in das Fondue hobeln.

Trüffelfondue

Trüffel und Gnocchi – Harmonie pur

Getränk ein leichter roter Landwein, beispielsweise ein Blauburgunder oder Solaris

Variante Das Trüffelfondue kann natürlich auch mit jeder anderen Trüffel parfümiert werden. Bei weißer Trüffel (Alba-Trüffel) Mengen halbieren. Chinatrüffel sollte man nicht verwenden, sie haben keinen Geschmack.

für 2 Personen

400 g Freiburger Vacherin aus Rohmilch
2 dl/200 ml Milch
1 TL Paprika edelsüß
1 TL scharfer Curry
½ Orange, fein abgeriebene Schale
2 EL Maisstärke
2 EL Milch

Zum Eintauchen

1 Rezeptmenge Klebereisbällchen, Seite 73
1 Baby-Ananas
je 1 grüne und rote Chilischote
24 Spießchen

1 Freiburger Vacherin entrinden und auf der Röstiraffel in das Caquelon reiben. Milch, Gewürze und Orangenschale unterrühren. Das Caquelon mit Klarsichtfolie verschließen. Käse mindestens 30 Minuten marinieren. **2** Reisbällchen zubereiten. **3** Baby-Ananas schälen und in Würfel schneiden. Chilischoten entkernen und in Ringe schneiden. Reisbällchen, Ananas und Chili auf Spießchen stecken. **4** Maisstärke mit der Milch glattrühren. **5** Die Käsemasse bei mittlerer Hitze unter ständigem Rühren schmelzen, Milch-Gemisch unterrühren, das Fondue nochmals aufkochen. **6** Das Caquelon auf das angezündete Rechaud stellen. Das Fondue am Kochpunkt halten, immer wieder rühren.

Curry-Fondue sanft-scharf

Getränke thailändisches Singha-Bier oder gesprudelter Ananassaft mit einem Schuss Limettenjus

für 2 Personen

300 g halbharter Ziegenkäse, z. B. Dallenwiler Geißchäs
100 g Freiburger Vacherin
½ EL zerdrückte rosa Pfefferkörner
½ EL grob gemahlener schwarzer Pfeffer
1 Msp Cayennepfeffer
2 dl / 200 ml Prosecco
1 EL Maisstärke
2 EL Prosecco
1 EL Akazienhonig

Zum Eintauchen
600 g kleine Frühkartoffeln, z. B. Nicola
4 EL zerdrückte rosa Pfefferkörner
½ EL grob gemahlener schwarzer Pfeffer

1 Käse entrinden. Ziegenkäse auf der Röstiraffel in das Caquelon reiben. Freiburger Vacherin feinblätterig schneiden, mit rosa Pfeffer, schwarzem Pfeffer, Cayennepfeffer und Prosecco unterrühren. Caquelon mit Klarsichtfolie verschließen. Käsemischung mindestens 30 Minuten marinieren. **2** Kartoffeln im Dampf weichgaren, noch warm schälen, in der Pfeffermischung wenden. Bei 60 °C warm stellen. **3** Maisstärke und Prosecco glattrühren. **4** Die Käsemasse bei mittlerer Hitze unter ständigem Rühren schmelzen, Bindemittel und Akazienhonig unterrühren, das Fondue nochmals aufkochen. **5** Das Caquelon auf das angezündete Rechaud stellen. Das Fondue am Kochpunkt halten, immer wieder rühren.

Geissenkäse-Fondue

Heidi und Peter

Getränke Zu diesem Fondue darf etwas Prickelndes serviert werden, beispielsweise Prosecco, Champagner oder gespritzter Apfelsaft.

Zum Rezept «Heidi und Peter» ist ein frisches, leichtes Fondue, das gut in den Frühsommer passt, wenn die ersten einheimischen Kartoffeln auf den Markt kommen.

für 2 Personen

150 g alter Gruyère
150 g Freiburger Vacherin aus Rohmilch
200 g gekochtes Sauerkraut, gut ausgedrückt, klein geschnitten
4 getrocknete Apfelringe, klein geschnitten
2 Schalotten, klein gewürfelt
1 EL zerdrückte Wacholderbeeren
½ EL zerdrückte schwarze Pfefferkörner
1 Msp Muskatnuss
1½ dl / 150 ml Gewürztraminer
100 g Munster
2 EL Maisstärke
½ dl / 50 ml Sauerkrautsaft, gekauft

Zum Eintauchen

300 g Halbweißbrot, gewürfelt

1 Käse entrinden. Gruyère auf der Röstiraffel in das Caquelon reiben. Freiburger Vacherin feinblättrig schneiden, mit Sauerkraut, Dörräpfeln, Schalotten, Gewürzen und Gewürztraminer in das Caquelon geben, gut mischen. Caquelon mit einer Klarsichtfolie verschließen. Die Käse-Sauerkraut-Mischung mindestens 30 Minuten marinieren. **2** Maisstärke und Sauerkrautsaft glattrühren. **3** Die Rotschmiere des Munsters mit einem Messer abschaben. Käse unter fließendem Wasser waschen und in Würfelchen schneiden. **4** Die marinierte Käsemasse bei mittlerer Hitze unter ständigem Rühren schmelzen, Munsterwürfelchen und Sauerkrautsaft-Gemisch zugeben, Fondue aufkochen. **5** Das Caquelon auf das angezündete Rechaud stellen. Das Fondue am Kochpunkt halten, immer wieder rühren.

Sauerkrautfondue

unterwegs im Elsass

Getränke Riesling oder Gewürztraminer aus dem Elsass

Variante Zu diesem Fondue passen auch Kartoffeln und Schnitze von reifen Birnen.

Zum Rezept Das Fondue wird durch das Sauerkraut bekömmlicher.

Apfelfondue aus «Mostindien»

für 2 Personen

150 g echter Thurgauer Käse
150 g Schlosskäse, z. B. Hagenwiler
100 g rezenter Appenzeller
2 dl / 200 ml vergorener Apfelsaft
1 Apfel, Sauergrauech oder Rubinette
1 rote Chilischote, entkernt und fein gewürfelt
1 Msp Muskatnuss
1 EL Maisstärke
2 EL vergorener Apfelsaft

Zum Eintauchen

1 Rezeptmenge Brioches, Seite 75

Beilage

Süßsaurer Kürbis, Seite 72

1 Käse entrinden, auf der Röstiraffel in das Caquelon reiben. Apfel schälen und auf der Bircherreibe zum Käse reiben. Vergorenen Apfelsaft, Chili und Muskatnuss zugeben, mischen. Das Caquelon mit einer Klarsichtfolie verschließen. Käsemischung 1 Stunde marinieren. **2** Backofen auf 180 °C vorheizen. Brioche in Würfel schneiden, auf ein Kuchenblech verteilen, im Ofen knusprig backen. **3** Maisstärke und vergorenen Apfelsaft glattrühren. **4** Käsemasse bei mittlerer Hitze unter Rühren schmelzen, das Apfelsaft-Gemisch zugeben, Fondue aufkochen. **5** Caquelon auf das angezündete Rechaud stellen. Fondue am Kochpunkt halten, immer wieder rühren.

Getränke Apfelsaft oder vergorener Apfelsaft

...per palati

für 2 Personen

1 Vacherin Mont-d'Or, ca. 400 g
½ dl / 50 ml Schaumwein, z. B. Prosecco
8 Champignons
100 g grüne Spargelspitzen
2 Artischocken
4 Knoblauchzehen
1 Lorbeerblatt
½ dl / 50 ml Olivenöl extra vergine
4–6 in Öl eingelegte sonnengetrocknete Tomaten

1 Vacherin Mont-d'Or unter fließendem Wasser abwaschen, im Tannenholzgebinde auf eine Alufolie stellen. Oberfläche mit einer Gabel einstechen, Schaumwein darübergießen, 10 Minuten stehen lassen. **2** Champignonshüte schälen, Stiel frisch anschneiden. Spargelspitzen im Dampf etwa 4 Minuten knackig garen, mit kaltem Wasser abschrecken. Stiel der Artischocken abschneiden, die Blätter abknipsen, Blütenfäden entfernen, grüne Stellen wegschneiden, Böden rund und in mundgerechte Stückchen schneiden; in einer Bratpfanne das Olivenöl erhitzen, Artischockenstückchen mit Knoblauch und Lorbeerblatt braten. Dörrtomaten auf Küchenpapier trocknen lassen. **3** Backofen auf 180 °C vorheizen. **4** Den Vacherin Mont-d'Or im Gebinde in Alufolie einpacken, auf ein Kuchenblech stellen. Im Ofen bei 180 °C 20 Minuten schmelzen. Mit dem Gemüse servieren.

Vacherin Mont-d'Or

im Tannenholz gereift und geschmolzen

Getränke Chardonnay oder Sauvignon blanc

Vacherin Mont-d'Or Vor dem Verzehr / vor der Verarbeitung mit kaltem Wasser überbrausen; so kann man auch die würzige Rinde essen.

für 2 Personen

150 g Etivaz
100 g rezenter Appenzeller
2 dl / 200 ml Fendant
1 TL zerdrückte schwarze Pfefferkörner
2 EL Weißwein
1 EL Maisstärke
1 Msp Backpulver
150 g Gorgonzola

Zum Eintauchen

4 reife Birnen
400 g Früchtebrot, Seite 76

1 Etivaz und Appenzeller Käse entrinden, beide Käse auf der Röstiraffel in das Caquelon reiben. Wein und Pfeffer untermischen. Das Caquelon mit Klarsichtfolie verschließen. Die Käsemischung 30 Minuten marinieren. **2** Birnen nach Belieben schälen, vierteln und entkernen, in Würfel schneiden. Früchtebrot in Scheiben und diese in Rechtecke schneiden. **3** Maisstärke und Backpulver mit dem Weißwein glattrühren. **4** Die Käsemasse bei mittlerer Hitze unter ständigem Rühren schmelzen, Gorgonzola löffelweise in das Fondue rühren und schmelzen lassen, Weißwein-Gemisch zugeben, Fondue aufkochen. **5** Das Caquelon auf das angezündete Rechaud stellen. Das Fondue am Kochpunkt halten, immer wieder rühren.

Blauschimmelkäse-Fondue echt anders

Getränke Riesling Beeren- oder Spätlese

für 2 Personen

200 g Bündner Bergkäse
100 g Gruyère, 2-jährig
100 g reifer Ziegenkäse
2 dl / 200 ml Rosé
z. B. Dôle blanche
1 Prise Cayennepfeffer
1 TL zerdrückte Kümmelsamen
50 g geräucherter Speck,
fein geschnitten
1 EL Maisstärke
1 Msp Backpulver
2 EL Kümmelbrand
2 Basilikumzweige,
Blätter abgezupft, in Streifen
500 g kleine Kartoffeln

1 Käse entrinden. Bergkäse und Gruyère auf der Röstraffel in das Caquelon reiben. Ziegenkäse in Würfelchen schneiden, mit Wein, Cayennepfeffer und Kümmel in das Caquelon geben, mischen. Caquelon mit Klarsichtfolie verschließen. Käsemischung 2 Stunden marinieren. **2** Die Speckstreifen im kochenden Wasser 1 Minute überbrühen. Abgießen. **3** Kartoffeln im Dampf weichkochen. Kurz ausdampfen lassen, dann schälen. Im Kartoffelkörbchen warmhalten. **4** Suppenteller vorwärmen. **5** Maisstärke und Backpulver mit dem Kümmelbrand glattrühren. **6** Marinierte Käsemasse bei mittlerer Hitze unter ständigem Rühren schmelzen, Kümmelbrand-Gemisch unterrühren, das Fondue nochmals erhitzen. **7** Caquelon auf das angezündete Rechaud stellen, Fondue am Kochpunkt halten, häufig rühren. **8** 2 bis 3 Kartoffeln in vorgewärmte Teller geben, Fondue über die Kartoffeln schöpfen. Mit Basilikum bestreuen.

Kümmelfondue urchig guet

Getränke Rosé, Verveinetee

für 2 Personen

400 g Freiburger Vacherin aus Rohmilch
1 dl/100 ml Milch
½ TL Kreuzkümmelsamen
1 TL Korianderkörner
5 Kardamomsamen
1 Scheibe Ingwer, geschält
1 Knoblauchzehe, zerdrückt
1 Msp Muskatnuss
1 Prise Cayennepfeffer
2 Eigelbe
1 EL Orangenöl

Zum Eintauchen

1 Rezeptmenge Fladenbrot, Seite 79

1 Vacherin entrinden und feinblättrig schneiden, in eine Chromstahlschüssel füllen, Milch unterrühren. **2** Kreuzkümmel, Koriander und Kardamom im Mörser zerstoßen, mit Ingwer, Knoblauch, Muskatnuss und Cayennepfeffer unter den Käse mischen. Schüssel mit einer Klarsichtfolie verschließen. Käse mindestens 1 Stunde marinieren. **3** Eigelbe und Öl unter den marinierten Käse rühren. Die Käsemasse über dem leicht kochenden Wasserbad unter ständigem Rühren schmelzen, bis das Fondue cremig ist. **4** Das Fondue auf ein Kerzenrechaud stellen, immer wieder rühren.

Gewürzfondue zartschmelzend

Getränke Ingwer-Zitronentee, Gamay

für 2 Personen

200g alter Gruyère
150g Glarner Bergkäse
50–100g Glarner Schabziger
6 Dörraprikosen, in Streifchen
1 kleine Chilischote, entkernt, in Streifchen
1½ dl / 150 ml vergorener Apfelsaft
2 EL Maisstärke
4 EL vergorener Apfelsaft

Zum Eintauchen

200g Dinkelbrot, gewürfelt
100g Glarner Birnenbrot, gewürfelt

1 Gruyère und Bergkäse entrinden und auf der Röstiraffel in das Caquelon reiben. Glarner Schabziger auf der Bircherraffel dazureiben. Aprikosen, Chili und vergorenen Apfelsaft zugeben, mischen. Das Caquelon mit Klarsichtfolie verschließen. Käsemischung mindestens 30 Minuten marinieren. **2** Maisstärke mit dem vergorenen Apfelsaft glattrühren. **3** Die marinierte Käsemischung bei mittlerer Hitze unter ständigem Rühren schmelzen, Bindemittel unterrühren, das Fondue nochmals erhitzen. **4** Das Caquelon auf das angezündete Rechaud stellen, Fondue am Kochpunkt halten, häufig rühren.

Glarner Schabziger-Fondue aus dem Zigerschlitz

Getränke vergorener Apfelsaft, Alpenkräutertee

für 2 Personen

200 g Comté
200 g Tomme de Savoie
1½ dl / 150 ml
Champagner brut
½ dl / 50 ml weißer Portwein
½ Orange, abgeriebene Schale
½ TL Orangenöl
1 Msp Cayennepfeffer
1 EL Maisstärke
2 EL weißer Portwein
½ dl / 50 ml Schlagrahm / -sahne

Zum Eintauchen

400 g Butterzopf

1 Käse entrinden und auf der Röstiraffel in das Caquelon reiben. Champagner, Portwein, Orangenschale, Orangenöl und Cayennepfeffer unterrühren. Caquelon mit einer Klarsichtfolie verschließen. Käsemischung mindestens 30 Minuten marinieren. **2** Den Backofen auf 180 °C Umluft vorheizen. Den Zopf in Würfel schneiden, auf ein Kuchenblech verteilen. Im vorgeheizten Ofen hellbraun rösten. **3** Maizena mit dem Portwein glattrühren. **4** Marinierte Käsemischung bei mittlerer Hitze unter ständigem Rühren schmelzen, Portwein-Gemisch unterrühren, nochmals aufkochen, Schlagrahm unterziehen. **5** Caquelon auf das angezündete Rechaud stellen, das Fondue am Kochpunkt halten. Immer wieder rühren.

Orangenfondue

ein Hauch von Exotik

Getränke Champagner, Schweppes mit weißem Portwein

Beilagen

- 600 g Potimarron oder Orange Knirps
- 150 g Zucker
- 2½ dl / 250 ml Weißweinessig
- 1 Lorbeerblatt
- 1 EL zerdrückte Koriandersamen
- ¼ Zimtstange
- ½ getrocknete Chilischote
- 30 g Ingwer, geschält, klein gewürfelt
- 1 Gewürznelke

Süßsaurer Kürbis

1 Potimarron vierteln und entkernen, Viertel schälen und in kleine Stücke schneiden. **2** Sämtliche Zutaten aufkochen, den Kürbis knackig/al dente kochen. In Gläser füllen. Am nächsten Tag den Kürbis abgießen und den Fond auffangen. Kürbisstückchen wieder in das Glas füllen. Den Fond aufkochen und darübergießen. An zwei Tagen wiederholen. Nach dem dritten Mal das Glas verschließen.

200 g Sushireis
2 dl/200 ml Wasser
½ Zitronengrasstängel
2 Scheiben Ingwer
1 Blatt Kombu
0,4 dl/40 ml Reisessig
½ TL Salz
1 TL Zucker
je eine grüne und rote Chilischote, entkernt und fein gewürfelt

Klebereisbällchen

1 Reis in einem engmaschigen Sieb waschen. In kaltem Wasser 10 Minuten quellen lassen. Reis in ein Sieb abgießen und abtropfen lassen. **2** Den Reisessig leicht erwärmen. Salz und Zucker darin auflösen. **3** Wasser, Zitronengras, Kombu und Ingwer aufkochen, Reis zugeben, aufkochen, 2 Minuten sprudelnd kochen. Die Pfanne von der Wärmequelle nehmen, den Reis zugedeckt 10 Minuten quellen lassen. Zitronengras, Kombu und Ingwer entfernen. Den Reis in eine Schüssel geben, Reisessig und Chili unterrühren.

250g mehlig kochende Kartoffeln
2 Eigelbe
30g Weizendunst oder Knöpflimehl
60g fein geriebener Parmesan
1TL Salz
2 Abriebe Muskatnuss
frisch gemahlener schwarzer Pfeffer nach Belieben

Kartoffelgnocchi

1 Kartoffeln in der Schale im Dampf weichkochen, kurz ausdampfen lassen. Kartoffeln schälen und durch die Kartoffelpresse drücken oder das Passevite/die Flotte Lotte drehen. Eigelbe, Dunst, Parmesan und Gewürze unter die Kartoffeln rühren. Es soll ein fester, kompakter Teig entstehen. Eventuell braucht es noch ein wenig mehr Dunst. **2** Die Kartoffelmasse portionieren, auf leicht bemehlter Arbeitsfläche zeigefingerdicke Rollen drehen und diese in 1cm lange Stücke schneiden, Gnocchi formen, für das Rillenmuster über die Gabel ziehen. **3** Die Gnocchi portionsweise ins kochende Salzwasser geben, an die Oberfläche steigen lassen. Mit einem Schaumlöffel herausnehmen. Auf ein mit Olivenöl eingefettetes Kuchenblech verteilen und im Ofen bei 70°C warm stellen.

für 10 Brioches von ca. 100 g

1 dl / 100 ml lauwarme Milch
20 g Zucker
20 g Hefe
50 g Weißmehl
1 Ei
4 Eigelbe
10 g Salz
1 dl / 100 ml Milch
500 g Weißmehl
160 g weiche Butter
½ Ei zum Bestreichen

Brioches

1 Für den Vorteig Milch (1 dl / 100 ml), Zucker, Hefe und Mehl (50 g) in die Teigschüssel geben und glattrühren. Die Schüssel mit Klarsichtfolie verschließen. Den Vorteig ruhen lassen, bis er das doppelte Volumen hat. **2** Ei, Eigelbe, Salz und Milch verrühren, unter den Vorteig rühren. Das Mehl dazusieben, zu einem festen Teig kneten. Butter in kleinen Portionen unter den Teig kneten. Hefeteig in der Küchenmaschine auf mittlerer Stufe rund 20 Minuten kneten. Die Schüssel mit Klarsichtfolie verschließen, Briocheteig 30 Minuten gehen lassen. **3** Den Backofen auf 220 °C vorheizen. Die Briocheförmchen einfetten. **4** Den Teig gut durchkneten und in 10 Portionen teilen, Kugeln formen, in die Förmchen legen. 20 Minuten gehen lassen. Mit dem verquirlten Ei bestreichen. **5** ½ dl / 50 ml Wasser auf den Boden des Backofens gießen. Förmchen in der Mitte in den Ofen schieben. Backofen auf 180 °C zurückschalten. Die Brioches 15 Minuten backen.

½ Hefewürfel
3 dl / 300 ml Wasser
500 g Dinkelweißmehl
1 EL Malzextrakt
1 EL Salz
1 Msp Macis oder Muskatnuss
4 Dörrpflaumen, entsteint und klein geschnitten
4 EL Rosinen
1 Handvoll Haselnüsse

Früchtebrot

1 Hefe mit ½ dl / 50 ml Wasser und 2 EL Mehl glattrühren, 20 Minuten gehen lassen. **2** Restliches Mehl, Malzextrakt, Salz, Macis, Trockenfrüchte und Nüsse in der Teigschüssel mischen, Hefeteiglein und restliches Wasser zugeben. Den Hefeteig in der Küchenmaschine auf kleiner Stufe 10 Minuten oder von Hand 15 Minuten kneten. Die Schüssel mit Klarsichtfolie verschließen, den Teig 1 Stunde gehen lassen. Nochmals 2 Minuten kneten. **3** Aus dem Teig zwei Brote formen, auf ein mit Backpapier belegtes Blech legen. 20 Minuten gehen lassen. **4** Backofen auf 200 °C Unter- und Oberhitze vorheizen. **5** Das Blech auf der zweituntersten Schiene in den Backofen schieben, die Früchtebrote bei 200 °C 25 Minuten backen.

180 g Weißmehl
50 g Knöpflimehl (Dunst)
1 TL Salz
½ TL Zucker
10 g Hefe
1½ dl / 150 ml Wasser
Olivenöl zum Bestreichen

Grissini

1 Hefe im Wasser auflösen. **2** Alle Zutaten in die Teigschüssel geben und zu einem geschmeidigen Teig verarbeiten. Eine Kugel formen, mit Olivenöl bepinseln. Den Hefeteig zugedeckt 1 Stunde aufgehen lassen. **3** Den Backofen auf 180 °C vorheizen. Das Backblech mit Backpapier belegen. **4** Grissiniteig zu einem Rechteck von 15 cm Breite und 5 mm Dicke ausrollen. Mit dem Teigrädchen 5 mm breite Streifen schneiden und diese auf die Breite des Backblechs ausziehen. Auf das vorbereitete Backblech legen. **5** Grissini im vorgeheizten Backofen bei 180 °C 15 Minuten goldgelb backen.

500 g Weißmehl
1½ dl / 150 ml lauwarme Milch
2 TL Zucker
½ Hefewürfel (21 g)
15 g Salz
1 TL Backpulver
2 EL Sesamöl
150 g Naturjoghurt
1 Ei, verquirlt

Naan

1 Lauwarme Milch, 1 EL Zucker und Hefe verrühren. Stehen lassen, bis die Milch schäumt. **2** Mehl, restlichen Zucker, Salz und Backpulver in der Teigschüssel mischen, eine Vertiefung drücken. Hefemilch, Sesamöl, Joghurt und Ei zugeben, einen geschmeidigen Teig kneten. Den Teig zu einer Kugel formen, mit Öl bestreichen. Die Teigschüssel mit einer Klarsichtfolie verschließen. Naanteig 1 Stunde gehen lassen. **3** Den Backofen und ein Kuchenblech bei Grillumluft auf 240 °C vorheizen. **4** Den Teig in 6 gleich große Portionen teilen, Kugeln formen und diese tropfenförmig ausrollen, etwa 25 cm lang. **5** Naan auf das vorgeheizte Kuchenblech legen und backen, bis der Teig Blasen wirft. Drehen, etwa 3 Minuten backen, bis das Brot bräunlich ist. Naan in einem Küchentuch warm halten. Mit dem restlichen Teig gleich verfahren.

für ca. 6 Fladen

250 g Weißmehl
½ Hefewürfel
½ TL Zucker
½ TL Salz
ca. 1 dl / 100 ml Wasser

Fladenbrot aus der Pfanne

1 Hefe, Zucker und 2 EL Mehl zu einem Teiglein rühren. 15 Minuten gehen lassen. **2** Restliches Mehl in die Teigschüssel geben, eine Vertiefung drücken. Vorteig, Wasser und Salz in die Vertiefung geben. Zu einem Teig zusammenfügen. Den Teig 15 Minuten kräftig kneten. Die Schüssel mit Klarsichtfolie verschließen. Teig 1 Stunde ruhen lassen. **3** Den Teig auf der bemehlten Arbeitsfläche nochmals kräftig kneten. In 12 Portionen teilen, Kugeln formen, dünne Fladen ausrollen. Auf die bemehlte Arbeitsfläche legen, mit einem Tuch zudecken. **4** Eine beschichtete Bratpfanne (Lyoner Pfanne) aufheizen. Die Fladen bei großer Hitze auf jeder Seite 1 bis 2 Minuten braten. Zum Warmhalten und damit sie elastisch / biegsam bleiben in ein Tuch einschlagen.

500 g Dinkelweißmehl
1/2 EL Meersalz
1/2 Hefewürfel
1 TL Zucker
1 TL Malzextrakt
3 dl / 300 ml
zimmerwarme Milch
60 g weiche Butter
1 Eigelb
1 EL Rahm / Sahne

Butterzopf

1 Hefe, Zucker, Malzextrakt und 1 dl / 100 ml Milch glattrühren. 5 Minuten zugedeckt stehen lassen. **2** Mehl in die Teigschüssel geben und eine Vertiefung drücken. Restliche Milch in die Vertiefung gießen, die Butter in Flocken auf dem Mehlrand verteilen. Den Teig in der Küchenmaschine bei kleiner Drehzahl kneten, dabei die Hefeflüssigkeit zugeben, den Teig mindestens 15 Minuten kneten. Die Teigschüssel mit einer Klarsichtfolie verschließen. Teig 45 Minuten gehen lassen. Nochmals kurz kneten. **3** Den Backofen auf 200 °C Unter- und Oberhitze vorheizen. **4** Den Teig in 2 Portionen teilen, Stränge von 60 bis 70 cm Länge drehen, einen Zopf flechten. Den Zopf auf ein mit Backpapier belegtes Blech legen. **5** Das Eigelb mit dem Rahm glattrühren, den Zopf damit bepinseln. **6** Das Blech auf der zweituntersten Schiene in den Ofen schieben, den Zopf bei 200 °C 30 bis 40 Minuten backen.

400 g Weißmehl
1 EL Zucker
30 g Hefe
2 dl / 200 ml Wasser
1 TL Salz
2 Rosmarinzweiglein, Nadeln abgestreift und gehackt
3 EL Olivenöl

Rosmarin-Focaccia

1 Das Mehl in eine Teigschüssel geben und eine Vertiefung formen. Hefe, Zucker und 4 EL Wasser in die Vertiefung geben, wenig Mehl unterrühren, 30 Minuten gehen lassen. **2** Restliches Wasser und Salz zum Vorteig geben, zu einem Teig zusammenfügen, 10 Minuten kneten. Teig zugedeckt 1 Stunde gehen lassen. **3** Backofen auf 210 °C vorheizen. **4** Den Teig auf einem umgekehrten rechteckigen Kuchenblech 2 cm dick ausziehen. 10 Minuten gehen lassen. **5** Olivenöl und Rosmarinnadeln auf dem Teig verteilen, in regelmäßigem Abstand mit dem Zeigefinger Löcher eindrücken, damit das Öl und die Kräuter in den Teig «wandern» können. **6** Blech auf der zweituntersten Schiene in den Backofen schieben, Focaccia bei 210 °C 25 Minuten backen.

45% di materia grasse in s.s. – min. 45% matière grasse
LAIT CRU
Sélection
FROMAGERIE MOLÉSON SA
1694 Orsonnens
FROMAGERIE MOLÉSON SA
MOLÉSON MOLÉSON MOLÉSON MOLÉSON
Vacherin Fribourgeois
SWITZERLAND
min. 45% matière grasse e.s.
VIEUX SUISSE

Käse-Abc

A

Appenzeller Käse

Der Appenzeller Käse wird aus Rohmilch hergestellt, jedoch nur aus Milch von Kühen, die ohne Silofutter und Zusatzstoffe gefüttert werden. Er kommt in 3 Qualitäten und Reifestadien in den Handel. Als Classic wird er deklariert, wenn er 3 bis 4 Monate alt ist. 4 bis 6 Monate alter Appenzeller trägt die Zusatzbezeichnung surchoix, nach 6 Monaten ist es ein Appenzeller extra.
Die Käselaibe werden regelmäßig mit einer Kräutersulz eingerieben, deren Rezept streng geheim ist.

E

L'Etivaz AOC

Die würzige Alpkäse-Rarität stammt aus den Waadtländer Alpen. Sie wird nur in den Sommermonaten von Hand über dem offenen Feuer hergestellt.

F

Fontina

Der Käse hat seinen Namen von der zur Gemeinde Quart gehörenden Alm Font im Aoastatal in den italienischen Alpen in der Nähe des Mont Blanc. Der echte Fontina wird nach einem sehr alten Rezept aus Rohmilch von Kühen hergestellt, die im Sommer überwiegend auf der Alp grasen und ansonsten Heu erhalten. Die Reifung findet in Grotten statt, die in den Fels der Hänge geschlagen werden. Dort beträgt die Temperatur ganzjährig 5 bis 10 °C und die Luftfeuchtgkeit mindestens 90 %. Die auf Kiefernholzregalen gestapelten Laibe reifen in durchschnittlich 3 Monaten.

Freiburger Vacherin

Als echtes Regionalprodukt widerspiegelt der Freiburger Vacherin die Aromenpalette der Flora der Voralpen und der Hochebene des Freiburger Landes.

Der durch eine Garantiemarke geschützte Käse zeichnet sich durch seinen ausgeprägten Charakter aus. Mit dem feinen, schmelzenden, äußerst raffinierten Teig ist er ein unverzichtbarer Bestandteil des beliebten Fondue Moitié-Moitié.

G

Le Gruyère

Der Käse besticht durch sein kräftiges Aroma und seinen zarten, mürben Teig. Während der Reifung wird er mit reinem Salzwasser eingerieben. So entsteht auf der Rinde eine Schmierschicht, welche die Reifung beschleunigt und dem Käse ein kräftiges Aroma gibt.
Ein milder Gruyère hat eine Reifezeit von 5, ein mittelreifer von 8 Monaten und ein rezenter braucht zusätzliche 2 Monate. Nach einer Reifezeit von 12 Monaten ist es ein «Surchoix». «Le Gruyère AOC» ist eine geschützte Ursprungsbezeichnung. Sie sichert nicht nur die Qualität, sondern garantiert auch Echtheit.
Höhlengereifter Gruyère reift in einer Sandsteinhöhle, in der die Luft mineralstoffreich ist und eine konstante Temperatur von 12,5 °C bei einer Luftfeuchtigkeit von 94 % hat. Die jungen Käselaibe (4 Monate alt) werden in ausgewählten Dorfkäsereien streng selektioniert, bevor sie in der Höhle während 10 Monaten reifen, dabei werden sie täglich zweimal mit Salzwasser eingerieben. Nach 14 Monaten ist der Gruyère eine echte Delikatesse.

Glarner Schabziger

Die Magermilch wird erhitzt. Unter Rühren wird die mit Molke angesetzte Milchsäurekultur, der «Etscher», zugefügt und die Milch so zum «Ausfällen» gebracht. Aus dem geronnenen Eiweiß, dem Cottage Cheese/Hüttenkäse ähnlich, entsteht der Schabziger. Dieser Weißziger macht die nächsten vier bis sechs Wochen einen Gärungsprozess durch. Dabei entfaltet der Ziger den typischen Duft. In großen Mahlwerken wird der kompakte Rohziger zerkrümelt, mit Salz gemischt, gelagert und gepresst und dann in gekachelten Silos 3 bis 8 Monate gelagert. Dann kommt der Finish: Das Zigerkleepluver (Blauer Bockshornklee) wird beigefügt, indem der Ziger ein weiteres Mal gemahlen wird.

M

Munster

Munster ist ein Städtchen in den Vogesen. Wie viele französische Käse wurde auch er von Mönchen erfunden. Der Weichkäse wird aus Kuhmilch hergestellt.

P

Pecorino

Der italienische Käse wird traditionell aus Schafmilch hergestellt (tutto di latte di pecora oder Pecora completo). Er ist nach der Reifung intensiv gelb und die anfänglich gelbe Rinde wird bräunlich.

R

Reblochon

Der rahmige, halbfeste Schnittkäse stammt aus der Haute-Savoie. Der milde Rohmilchkäse mit der safrangelben Rinde wird nur aus Milch von drei örtlichen Rinderrassen hergestellt, auch die Produktionsregion ist eingegrenzt. Der Reblochon erhielt 1976 das AOC-Siegel.

S

Schafskäse

Die weichen bis halbharten Käse werden in verschiedenen Regionen und Ländern hergestellt.

T

Tête de Moine

Der Bellelay-Käse ist nach einem ehemaligen Kloster im Schweizer Jura benannt.

Der Käse erhielt 2001 den AOC-Status. Damit wurde nicht nur sein Name, sondern auch die Herstellungsart geschützt. Gemäß Bestimmungen muss der Tête de Moine aus kuhwarmer Rohmilch von Kühen hergestellt weden, die ohne Silofutter gefüttert worden sind. Auch Fett- und Wassergehalt, Art der Milchgerinnung, Bakterienkulturen, Pflege und Reifung während 3 bis 4 Monaten sind vorgeschrieben. Der Käse hat ein unverwechselbares Aroma und ist dank des hohen Fettgehalts sehr geschmeidig. Die Produktionsstandorte des zylinderförmigen Käses sind die Ursprungsgebiete in den Amtsbezirken Franches-Montagnes, Pruntrut, Moutier und Courtelary.

Tomme de Savoie

Französischer Käse aus der Rhone-Alpen-Region. Der Begriff Tomme de Savoie ist eigentlich eine Sortenbezeichnung und in der Regel mit dem Namen des Dorfes verknüpft, aus dem der Käse kommt. Man sagt, in Savoyen gäbe es fast so viele Tommes wie Berge und Täler.

V

Vacherin Mont-d'Or AOC

Die saisonale Weichkäse-Spezialität stammt aus dem Vallée de Joux im Waadtländer Jura.

Z

Ziegenkäse

Der Käse kann weich bis halbhart sein. Er kommt aus verschiedenen Regionen und Ländern.

Ein großes Danke

Globus Luzern
für die Teller und Accessoires für die Fondueaufnahmen und den Mitarbeitern in der Haushaltsabteilung für die freundliche Bedienung

Spring und Landert
für die große Auswahl von Fondue-Accssesoires und Gewürzmühlen

Nadine Rosenblatt
für Motivation, Kritik, Korrektur und Computer-Arbeit

Lea Hunziker
im Fotostudio Jules Moser für die kreativen jungen Ideen

Lucas Rosenblatt
Für ihn ist Kochen Beruf und Berufung. Nebst der Entwicklung von Rezepten für Themen-Kochbücher veranstaltet er Kochevents, bietet ein exklusives Catering an und erteilt Kochkurse. Zudem führt er mit einem Geschäftspartner in Luzern ein Geschäft für exklusive Lebensmittel.

Erika Lüscher
Erika Lüscher schreibt als Journalistin für verschiedene Zeitungen. Ihr Interesse gilt den Menschen, Traditionen, der Natur und spannenden Geschichten, die das Leben schreibt. Nebst einer spitzen Feder hat sie auch einen grünen Daumen: In ihrem Garten pflegt sie Wildes und fast Vergessenes mit grosser Hingabe.